Die verlorene Zeit

ohannes Fröhlich

Die verlorene Zeit

Übungen zum Gedicht

badawi

artes afro arabica

Bibliographische Informationen der *Deutschen Nationalbibliothek*:
Die *Deutsche Nationalbibliothek* verzeichnet diese Publikation in der *Deutschen Nationalbibliografie* – detaillierte bibliographische Daten können über die Internetadresse *http://dnb.ddb.de* abgerufen werden.

1. Auflage 2017

verlegt durch:

badawi – artes afro arabica

Dr. Mohamed Badawi; Bodanrückweg 6; D-78467 Konstanz

Telephon: +49/7531/8138195 – Telefax: +49/7531/8138196

E-Mail: info@badawi.de – Website: http://www.badawi.de

Umschlaggestaltung: Annette Weiske
                    & Dr. Christian A. Caroli
Druck und Bindung: www.digitaldruckhaus.de

ISBN 13: 978-3-938828-94-6

Im Andenken
an meine Eltern

Inhaltsverzeichnis

Vorwort

Da bricht noch einmal einer auf und betrachtet die Welt: die einfachen Dinge wie die Reparatur, die einfachen Menschen wie Fräulein Speck oder den Müllmann, die alte Frau, die Augen der alten Frau. Da läuft noch einmal einer los, durch all die Emotionen, durch seinen Frust und unsern Zorn, da lernt noch einmal einer einen Streit und geht nicht zur Tagesordnung über. Da übt sich einer, da nennt einer seine Gedichte Übungen, und das macht ihn so sympathisch, macht seine Gedichte so sympathisch: Übungen zur Betrachtung der Welt und ihrer Menschen. Und selbst, wenn ein kleiner Faschist darunter ist, bekommt er was ab, eine Zeile im Reim, ein Reim ohne Zeile. So geht JF durch die Welt und singt sein Lied, seine Ode an den Müllmann, die Schlichtheit des Fahrrades mit einer Dreigangschaltung, um danach ein Schachspiel zu beschreiben, und Schach zu spielen. Und er ist schon dabei, neue Teile zu suchen. Gedichte sind Anhaltspunkte, Momente des Anhaltens, Lyrik des Augenblicks, mitten im Zorn, wenn es sein muss.

Prof. Christoph Nix
Intendant Theater Konstanz

Wenn die Träume kommen

Wenn die Träume kommen,
Die Armeen des Wahnes,
Die Schimären vergangener Tage,
Die Visionen von Schmerz,
Dann werden Torheiten entlarvt.
Der Ruß des Tages
Tritt durch die Poren,
Die Zwerge werden zu Riesen,
Der Freund wird zum Feind –
Wenn die Träume kommen.

Das Gute wird zum Bösen,
Das Böse wird zum Guten,
Das Licht wird zur Finsternis,
Die Finsternis wird zur Erleuchtung –
Wenn die Träume kommen.

Die Häuser haben keine Türen,
Die Türen keinen Knauf,
Der Spiegel wird zum Fenster,
Das Fenster hat keinen Griff –
Wenn die Träume kommen.

Man fliegt durch die Luft,
Man kann nicht mehr schwimmen,
Die Sonne ist kalt,
Der Schweiß schmeckt nach Blut –
Wenn die Träume kommen.

Der Gedanke wird zur Tat,
Die Tat führt ins Nichts,
Der Schmerz ist das Wohl,
Die Freude das Übel –
Wenn die Träume kommen.

Die Musik wird zum Krach,
Der Krach wird bequem,
Die Nacht wird zum Tag,
Der Tag wird zum Traum –
Wenn die Träume kommen.

Liebeslied an die Provence

Ein Liebeslied will ich singen,
Auf Dich, Du Landschaft
Der Provence.
Auf Deine Städte
Avignon
Mit seinem Papstpalast,
Auf Arles und Orange
Mit ihren antiken Theatern,
Auf Nimes
Und sein Maison Carrée
Auf Aix
Mit seinem Cours Mirabeau,
Auf Marseille
Mit seinen Häfen.
Ein Liebeslied will ich singen,
Auf Dich, Du Landschaft
Des Lubérons
Und der Rhone,
Auf Deine Sonne
Und Deinen Regen,
Auf Deinen Schnee
Und Deinen Mistral,
Auf Deine verschlafenen Dörfer
Mit ihren einfachen Kirchen,
Ihren Boule spielenden Männern
Und ihren fleißigen Frauen.
Ein Liebeslied will ich singen,
Auf Dich, Du Landschaft

Der Könige und Fürsten,
Und ihre Schlösser,
Auf Deine Mahler
Cézanne und Van Gogh,
Matisse und Renoir,
Und auf Dein Kunsthandwerk.
Ein Liebeslied will ich singen,
Auf Dich, Du Landschaft
Der Zypressen und Pinien,
Der Zitrusbäume und Akazien,
Der Eichen und des Wacholders,
Der Orchideen und Lilien,
Auf Deine Düfte
Von Lavendel und Rosmarin,
Thymian und Anis.
Auf Deinen Honig
Und Deinen Wein,
Und auf Deine Trüffel.
Ein Liebeslied will ich singen,
Auf Dich, Du Landschaft
Der zirpenden Grillen
Auf Deine seltenen Schmetterlinge,
Und all Deine zahllosen Insekten,
Auf Deine Märkte
Mit ihrem Fisch
Und ihren Hühnern, Enten und Gänsen
Ein Liebeslied will ich singen,
Auf Dich, Du Landschaft
Der Provence.

Berlin

Du Stadt an der Spree,
Oft tat'st Du mir weh,
Doch Du ziehst mich an,
Es ist wie ein Bann.
Du Stadt der Komödien,
Der wilden Tragödien,
Du Stadt der Paläste,
Der rauschenden Feste,
Du Stadt der Cafés,
Des bissigen Kabaretts,
Du Stadt der Destille,
Des Herrn Heinrich Zille,
Du Stadt des Flanierens,
Des sich Amüsierens,
Du Stadt der Kulturen,
Der billigen Huren,
Du Stadt der Künste,
Der miefigen Dünste,
Du Stadt der Hugenotten,
Der burgnen Charlotten,
Du Stadt der Moden,
Der großen Dichteroden,
Du Stadt der Seen,
Der breiten Alleen,
Du Stadt der Fürsten,
Der farbigen Punkerbürsten,
Du Stadt des Sports,

Des alltäglichen Mords,
Du Stadt der Kritik,
Der Macht und Politik,
Du Stadt der Denker,
Der genialen Lenker,
Du Stadt der Harmonien,
Der schnoddrigen Sympathien,
Du Stadt, oh bitte glaube mir –
Berlin, Berlin, ick liebe Dir.

Chaplin

Als Kind warst Du im Armenhaus,
Du hattest es nie leicht,
Später ward *Sir Chaplin* draus,
Im Grunde warst Du immer reich.

Du stiegst von unten ganz nach oben,
Die Musichall, sie war Dein Start,
Du tat'st Dich niemals selber loben,
Du warst von ganz besondrer Art.

Du tingeltest durch Varietés,
Schon früh brillant in Deinen Rollen,
Du warst ein Meister auch des Kabaretts,
Du schöpftest immer aus dem Vollen.

Die ersten Filme war'n noch stumm,
Du spieltest Kellner und den Dieb,
Du hattest schon Dein Publikum,
Den *Tramp* von Dir gewann man lieb.

Aus dieser Zeit stammt ohnegleichen,
Melone, Stock und Entengang,
Sie waren früh Dein Markenzeichen,
Und blieben es ein Leben lang.

Du warst ein Tänzer und ein Clown,
Du warst der Star in Deinem Fach,
Du warst ein Mann der vielen Frau'n,
Du warst ein Krug, der niemals brach.

Du spieltest *City Lights* und *Kid*,
Du warst dem *Goldrausch* auch erlegen,
Du machtest jeden Unfug mit,
Und tat'st die große Komik hegen.

Du trotztest Hitler im *Diktator*;
Moderne Zeiten war Vision,
Du warst perfekter Imitator,
Der Menschen Lachen war Dein Lohn.

Du führtest später auch Regie,
Warst Autor, Mentor, Produzent,
Staralüren hatt'st Du nie
Du warst ein Feuer, das heut' noch brennt.

Du warst ein Mann, der Fäden zog,
Der *Oscar* war für Dich zu klein,
Es kamen viel in Deinen Sog,
Und durften Deine Freunde sein.

Dein Herz für andere war groß,
Zehn Kinder hattest Du gezeugt,
Die Muse lag in Deinem Schoß,
Die Welt hat sich vor Dir verbeugt.

Du hast mit spielendem Talent
Den Erdenball in Dir vereint,
Du bist ein Stern am Firmament,
Der hellsten einer, der uns scheint.

Max und Lisa

Der Max und seine Lisa,
Die sind ein nettes Paar,
Vielleicht ein wenig bieder,
Doch sonst läuft's wunderbar.

Der Max tut seine Arbeit,
Sie ist nicht anspruchsvoll,
Doch dann in seiner Freizeit,
Da fühlt er sich ganz toll.

Er hat ein schnelles Auto,
Mit hundertzehn PS,
Und auch den neuen Video,
Den findet er ganz kess.

Die Lisa, die ist Hausfrau,
Sie liebt den Max gar sehr,
Und hilft ihm auch beim Hausbau,
Max hat's weiß Gott nicht schwer.

Und abends dann, da kocht sie,
Für Max sein Schweinskotlett,
Die Lisa, ja die murrt nie,
Doch dafür schnurrt sie nett.

Man mag die beiden leiden,
In ihrem kleinen Ort,
Sie sind auch keine Heiden,
Und glauben brav an Gott.

Doch gestern, da geschah es,
Oh große, schwere Not,
Die Freveltat des Jahres ,
Max schoß die Lisa tot.

Ja, Max und seine Lisa,
Die war'n ein nettes Paar,
Vielleicht etwas zu bieder,
Doch sonst lief's wunderbar.

Die Tagesordnung

Meine Damen, meine Herrn,
Ich hätt' heut' abend liebend gern...
Ich dachte mir, Sie wissen schon...
Ich sagt's bereits am Telefon.

Ich möcht' beginnen mit dem Satz,
Ach bitte, nehmen Sie doch Platz,
Dort vorne wär' noch etwas frei,
Wir kämen jetzt zum Punkte zwei.

Am liebsten wär's mir, kurz gesagt...
Die Sitzung würde heut' vertagt,
Es gibt jedoch noch allerlei,
Zum Beispiel den Punkt Nummer drei.

Hier ist es ganz besonders wichtig...
Ich stell das nur mal kurz noch richtig...
Ich würde sagen, irgendwann,
Wär Punkt vier als nächstes dran.

Wir kämen dann, wenn Sie gestatten,
Ich glaube nicht, dass wir's schon hatten,
Zum Punkt fünf in aller Eile,
Punkt sechs, der dauert noch ne Weile.

Auf Ihrem Info steht's geschrieben,
Sie sehen es, Punkt sieben
Und später dann, hätt' ich gedacht,
Behandeln wir auch noch Punkt acht.

Punkt neun dann ist nur noch Routine,
Wir fahren jetzt die schnelle Schiene,
Als letztes hätten wir Punkt zehn,
Ich danke schön, Auf Wiedersehen.

In der Tiefe trieft's

In der Tiefe sitz' ich still,
Frag' mich was ich unten will,
Ganz da unten in der Tiefen
Tut der Kummer nur so triefen.
Aller Kummer triefet schwer,
Trieft als ob er Kleister wär',
Trieft und trieft und tut auch kleben,
Kleben, daß man ganz daneben.
Wenn's da unten so tut triefen,
So daß es vor Trief tut miefen,
Dann gibt's nur eins – es tut nicht weh –
So schnell als möglich in die Höh'.

Danke

Danke für das Leben, das wir leben,
Danke für die Sonne, die uns scheint,
Danke für das Brot, das uns gegeben,
Danke für die Welt, die uns vereint.

Danke für das Lachen, das uns lacht,
Danke für den Fluss, der für uns fließt,
Danke für die Dunkelheit der Nacht,
Danke für den Baum, der für uns sprießt.

Danke für das Wasser, das wir trinken,
Danke für die Blumen, die uns blüh'n,
Danke für die Sterne, die uns blinken,
Danke für den Mond, der nachts erschien.

Danke für die Kraft, die in uns steckt,
Danke für den Fund, den wir gesucht,
Danke für den Tag, der uns erweckt,
Danke für den Freund, der uns besucht.

Danke für das Feuer, das uns brennt,
Danke für den Weg, auf dem wir gehen,
Danke für den Namen, der uns nennt,
Danke für das Schöne, das wir sehen.

Danke für die Kleider, die uns kleiden,
Danke für das Haus, in dem wir wohnen,
Danke für das Schlechte, das wir meiden,
Danke für das Reich, in dem wir thronen.

Danke für das alles, lieber Gott,
Danke sehr, wer immer Du auch seist,
Danke auch für jede Not,
Die zu Dir den Weg uns weist.

Rahel

In einer Zeit,
In der niemand
An mich glaubte,
Und es mir
Wirklich dreckig ging,
Hast Du gesagt,
Ich könnte so viel,
Und damit an mich geglaubt.
Dafür danke ich Dir.

Der Nörgler

Ich find' das nicht gut...
Das muss anders sein...
Was Ihr da schon tut...
Alles nur Schein...

Ich glaube, Ihr spinnt...
Ihr seid nicht normal...
Das kann doch ein Kind...
Ihr könnt mich jetzt mal...

Wenn ich der da wär'...
Ich hätte schon lang...
Das ist doch nicht schwer...
Das jeder doch kann...

Ich kann das nicht sehen...
Das macht mich nicht an...
Das kann doch nicht gehen...
Das steht doch nicht an...

Ich sagte es doch...
Ihr wollt ja nicht hören...
Wie kann man heut' noch...
Ich hätt's können schwören...

Das ist viel zu groß...
Und so rum zu klein...
Ich sag's Euch doch bloß...
Das kann doch nicht sein...

Ich dacht's mir doch gleich...
Ich hab's ja gesagt...
Man könnte vielleicht...
Das ist zu gewagt...

Ihr denkt wohl, Ihr wärt,
Das habt Ihr davon...
Das ist doch verkehrt...
Was wißt Ihr denn schon.

Der Mann, der hier spricht,
Man kennt ihn genau,
Dem paßt alles nicht,
Nicht mal seine Frau.

Frust

Mir geht's heut' nicht gut,
Ich fühl' mich nicht wohl,
Ich hab' keinen Mut,
Ich brauch' Alkohol.

Der Kopf tut mir weh,
Die Gedanken sind schwer,
Ich denk' nur, oh je,
Der Kühlschrank ist leer.

Es kommt keine Post,
Wer denkt schon an mich,
Draußen herrscht Frost,
Ich mag mich heut' nicht.

Der Himmel ist grau,
Das Auto defekt,
Mein Magen ist flau,
Nichts, was mir schmeckt.

Das Telefon schweigt,
Es ruft keiner an,
Mein Nachbar, der geigt,
Obwohl er's nicht kann.

Die Zeitung ist voll,
Und doch steht nichts drin,
Ich find' heut nichts toll,
Ich hab' für nichts Sinn.

Es ist so ein Tag,
Man hat zu nichts Lust,
Ich denk' mir verzag
Nicht trotz deinem Frust.

Pflaumenklau

Eine dürre Pflaum
Hing am Pflaumenbaum,
Da kam jemand vorbei,
Dem schien's nicht einerlei,
Wie die Pflaum da hing,
Drum nahm er sich das Ding –
Und ging.

Herr *Niemand*

Es wohnt ein Mann in unsrem Haus,
Herr *Niemand* ist sein Name,
Er ist bekannt als graue Maus,
Und nicht von großem Charme.

Bei Ausländern ist er von Frost,
Er führt sich wie ein Blockwart auf,
Und stöbert gern in fremder Post,
Nur soviel noch zum Lebenslauf:

Herr *Niemand* ist sehr ordentlich,
Der Besen ist sein liebster Freund,
Und dann und wann, gelegentlich,
Der Türk sein ärgster Feind.

Herr *Niemand* trägt meist einen Hut,
Nen grauen Kittel noch dazu,
Die Gummistiefel steh'n ihm gut,
Der Morgengruß ist ihm tabu.

Herr *Niemand* wirkt stets etwas bleich,
Schon lange lebt er in Pension,
Sein Hobby ist das Dritte Reich,
Er ist Faschist aus Tradition.

Seit je her wählt er NPD,
Er tut gern denunzieren,
Er schätzt die arische Idee,
Man sollte sich organisieren.

30

Er sammelt Orden aus dem Kriege,
Und Waffen, Bücher, alles braun,
Er hält KZs für eine Lüge,
Und tut auf Deutschland nur vertrau'n.

Herr *Niemand* ist die Sorte Mann,
Vor der's mir immer wieder graut,
Im Grunde man nur hoffen kann,
Daß keiner mehr auf *Niemands* baut.

Der Kicker

Früher spielte er den ganzen Tag,
Mit seinen Kumpels auf der Wiese,
Er war schon von besondrem Schlag,
Er war ein kleiner Fußballriese.

Kein Ball war ihm zu rund,
Kein Tor war ihm zu klein,
Er kickte auch mit seinem Hund,
Er wollt' ein Fußballprofi sein.

Im Dribbling war er ziemlich stark,
Auch schießen konnt' er gut,
Die Ausrüstung war eher karg,
Er fieberte in Fußballglut.

Er stellte sich manchmal ins Tor,
Das brachte auch viel Spaß,
Und besser noch als Schülerchor
War jeder Doppelpass.

Er trieb den Sport bei jedem Wetter,
All seine Schuhe hatten Löcher,
Zu Hause, abends, gab's Gezeter,
Er spielte trotzdem noch und nöcher.

Sein Vorbild war Franz Beckenbauer,
Der Kaiser, wie man ihn genannt,
Kein and'rer Fußballstar war schlauer,
Kein and'rer passte so galant.

Doch dann im Laufe seiner Jugend,
Sah er's allmählich ein –
Ein Leben nur mit Fußballtugend,
Das kann nicht alles sein.

So ließ er dann das Bolzen bleiben,
Und hängte alles an den Nagel,
Doch heute tut's ihn wieder treiben,
Er spielt jetzt auch bei Körnerhagel.

Das glänzende Parkett

Das glänzende Parkett
Lädt ein zum Tanz,
Zum Tanz der Träumer –
Geschwind, geschwind.

Das glänzende Parkett
Nimmt unsere Schritte auf,
Kann Großes aus ihm machen –
Geschwind, geschwind.

Das glänzende Parkett,
Es trägt uns königlich,
Es gibt uns Hoffnung –
Geschwind, geschwind.

Das glänzende Parkett
Verschont einen nicht,
Nicht mal nur kurz –
Geschwind, geschwind.

Das glänzende Parkett
Macht einen wirbeln,
Macht einen taumeln –
Geschwind, geschwind.

Das glänzende Parkett
Gibt uns die Grazie,
Die uns oft fehlt –
Geschwind, geschwind.

Das glänzende Parkett
Kann auch betrügen,
Und uns zur Falle werden –
Geschwind, geschwind.

Das glänzende Parkett
Fordert das Letzte,
Man muss alles geben –
Geschwind, geschwind.

Ode an das Akkordeon

Es ist die Ziehharmonika,
Es ist die Quetschkommode,
Es ist das Schifferklavier.
Es ist edel,
Es ist billig.
Es ist schwarz,
Es ist weiß,
Es ist rot.
Es ist groß,
Es ist klein.
Es schnauft,
Es arbeitet,
Es streckt sich,
Es zieht sich zusammen.
Es spielt alleine,
Es spielt mit der Geige,
Es spielt mit der Gitarre.
Es spielt mit dem Baß,
Es spielt im Orchester.
Es ist für Dilettanten,
Es ist für Virtuosen.
Es spielt einen Tango,
Es spielt einen Walzer,
Es spielt ein Musette.
Es klingt traurig,
Es klingt fröhlich,
Es spielt euphorisch,

Es spielt melancholisch,
Es spielt frech,
Es spielt ängstlich,
Es spielt laut,
Es spielt leise.
Es kann trauern,
Es kann jubeln.
Es ist wundervoll,
Das Akkordeon.

Ode an den Müllmann

Er kehrt die Straßen
Und die Trottoirs.
Er leert unsere Mülltonnen
Und die Abfallkörbe der Stadt.
Er reinigt den Rinnstein
Und piekst Unrat auf.
Er schiebt seinen Wagen
Oder fährt
Auf dem Trittbrett des Lasters.
Er arbeitet mit der Schaufel
Und dem Besen.
Er trägt einen orangenen Anzug,
Schwarze Stiefel,
Einen Hut
Und Handschuhe.
Er redet nicht viel,
Dafür pfeift er manchmal
Ein Lied.
Sein Gesicht ist gegerbt
Von Wetter und Wind.
Er tut seine Arbeit,
Wie jeder sie tut.
Es gibt Leute,
Die lachen ihn aus.
Sie denken:
Was leistet der denn schon?
Doch vergangenes Jahr,

Da hat er gestreikt,
Mit all seinen Kollegen.
Es begann zu stinken
In der Stadt.
Da beklagten sich alle,
Daß er nicht käme,
Um ihren Dreck wegzuräumen.
Sie vermißten ihn plötzlich,
Den Müllmann.

Ode an das Schachspiel

Es ist das königliche Spiel,
Der großen Meister sind nicht viel,

Doch fast ein jedes kleines Kind
Lernt die Regeln sehr geschwind.

Man spielt mit schwarzen oder weißen
Figurn aus Holz, die folgend heißen:

Dame, König und acht Bauern,
Zwei Türme, die am Rande lauern,

Dazu kommt noch das Läuferpaar,
Und die listig Springerschar.

Der Felder gibt es acht mal acht,
Hell und dunkel, wie Tag und Nacht,

Sämtliche kann man benützen,
Man spielt im Stehen oder Sitzen.

Die Züge laufen vertikal,
Horizont- und diagonal,

Vorwärts, rückwärts und zur Seite,
Des Brettes Länge ist die Breite.

Der weiße Spieler fängt stets an,
Der Schwarze ist als nächster dran,

Und so geht's in einem fort,
Beim heiteren Figurenmord.

Das Ziel des Spiels ist nicht zu hetzen,
Doch Gegners König matt zu setzen,

Dazu hat man viel Varianten,
Am schönsten sind die eleganten.

Davon gäb es das Springermatt,
Was selten man gesehen hat,

Auch Damenopfer sind beliebt,
Solang es nur den Sieg draus gibt.

Beim Schach kann man regenerieren,
Man übt es, sich zu konzentrieren,

Das Spiel hat große Tradition,
Man kannt es schon in Babylon.

Es kostet nur sehr wenig Geld,
Drum spielt man es in aller Welt,

Es ist ein Spiel für alt und jung,
Es ist *das* Denk-Genialium.

Ode an die Mütter

Mütter sind immer da,
Wenn man sie braucht.
Sie kochen einem das Essen
Und den Kaffee,
Sie waschen die Wäsche,
Und backen einen Geburtstagskuchen.
Mütter kaufen für uns
Zigaretten,
Schokolade,
Und Unterhosen.
Sie stopfen uns die Socken,
Nähen Knöpfe an,
Und hören einem zu.
Sie merken sofort,
Wenn etwas nicht in Ordnung ist,
Und wissen stets einen Rat.
Mütter sorgen sich um einen,
Auch wenn man schon dreißig ist.
Sie erinnern uns an den Zahnarzttermin,
Leihen uns ihr Fahrrad aus,
Schreiben uns Briefe,
Und überraschen uns
Mit einem Blumenstrauß.
Mütter schneiden Zeitungsausschnitte aus,
Gehen mit uns spazieren,
Und schenken uns die Bücher,
Die wir gerne lesen.

Sie vermitteln im Streit
Mit den Vätern,
Spielen mit uns Karten,
Und trinken ein Glas Wein mit uns.
Sie nehmen uns in den Arm,
Halten unsere Hände,
Und geben uns einen Kuss.
Was täten wir nur,
Ohne unsere Mütter.

Ode an das Fahrrad

Mein Fahrrad möcht' ich nicht vermissen,
Man sollt' auf es 'ne Flagge hissen.
Es fährt bei Tag, es fährt bei Nacht,
Es hat mir schon viel Spaß gebracht.

Das Ding mit seinen Gummireifen
Tut lautlos durchs Gelände streifen,
Ein Motorrad, was ist das schon,
Mein Fahrrad bringt mir Kondition.

Es hat drei Gänge, das genügt,
Es ist ein Ding, das niemals lügt,
Es hat 'nen Sattel, ganz aus Leder,
So ein Fahrrad hat nicht jeder.

Mein gutes Stück ist dunkelgrün,
Es fährt problemlos nach Berlin,
Mein Rad, das hat 'nen Dynamo,
Zur Not fährt's auch bis Jericho.

Es hat zwei Bremsen und ne Klingel,
Ja selbst der allergrößte Schlingel
Fährt munter, heiter und auch froh
Auf seinem kleinen Drahtvelo.

Auf diesem Teil sitzt man bequem,
Man radelt wirklich angenehm,
Durch Feld und Wiesen, Wald und Flur,
Ein jeder braucht das Fahrrad nur.

Ich trete kraftvoll ins Pedal,
Mein Fahrrad, das ist schon genial,
Man kennt's auf jedem Kontinent,
Es ist ein Idealpatent.

Es fährt zu jeder Jahreszeit,
Sogar im Winter, wenn es schneit,
Und wenn es glatt ist, meine Lieben,
Dann kann man es zur Not auch schieben.

Ode an einen Automechaniker

Wer kennt das nicht,
Wenn das Auto streikt?
Man muss ihn aufsuchen,
Den Chirurgen der Automechanik.
Er trägt einen blauen Kittel,
Auf dem keine Spur Schmutz zu sehen ist.
Die Brille sitzt ihm auf der Nase,
Wie bei einem Professor.
Er gibt einem die Hand –
Sie ist so sauber,
Wie die eines Arztes.
Langsam und andächtig
Nähert er sich dem Fahrzeug,
Als ob es ein heiliger Gegenstand wäre.
Er begutachtet es aufs Sorgfältigste,
Lässt seinen Blick
Über den Wagen streifen.
Er erkundigt sich bei mir
Nach den Schwierigkeiten,
Hört konzentriert zu,
Und runzelt nachdenklich die Stirn.
Man sieht ihm an,
Dass er das Problem zu analysieren beginnt.
Er stellt ein paar Fragen,
Die ich nicht verstehe,
Und nickt verständnisvoll bei den Antworten.
Er scheint den Fehler

Längst erkannt zu haben.
Er öffnet die Motorhaube,
Begutachtet das Wageninnere,
Und entschuldigt sich einen Augenblick,
Um sich mit einem Kollegen zu besprechen.
Er kehrt wieder zurück,
Mit einem Lappen in der Hand.
Achtsam löst er
Ein kleines Stück Plastik aus dem Motor.
„Es ist der Verteiler",
Wie er nebenbei bemerkt.
Er putzt ihn mit dem Lappen aus,
Reinigt ihn akribisch.
Jetzt bittet er mich,
Ins Auto zu sitzen,
Und den Motor zu starten,
Sobald er das Zeichen gibt.
Ich drehe den Schlüssel um:
Das Auto springt wieder an.
„Der Verteiler war nur etwas feucht",
Meint der Mechaniker.
Ich frage ihn,
Was ich ihm schulde.
„Natürlich nichts",
Antwortet er.

Ode an die Wurstverkäuferin

Sie ist schon keck,
Das Fräulein Speck.

Wie sie die Wurst so schneidet,
Als Metzgerin verkleidet.

Sie sticht mit dem Messer
Etwas mehr wär' schon besser –

Mitten ins Kotelett,
Das Haar steht ihr nett.

Ihre Augen sind blau,
Bittschön Leber von der Sau,

Ja, so ist es recht,
Das Hack schmeckt auch nicht schlecht.

Ihre Finger sind zart,
Der Schinken apart,

Sie wiegt ihn fein ab
Etwas zu knapp –

Ein Scheibchen noch drauf,
Es gibt ja zuhauf.

Darf's sonst noch was sein,
Vielleicht etwas Eisbein?

Salami wär' ganz gut,
Ach hätt' ich nur Mut,

Dann würd' ich es wagen,
Sie danach zu fragen,

Wie sie das macht,
Dass sogar die Leberwurst lacht.

Es ist eine Wonne,
Beim Metzger scheint die Sonne,

Sie ist schon echt keck,
Das Fräulein Speck.

Besuch des Versicherungsvertreters

„Haben Sie schon eine Versicherung?
Sind Sie gegen Unfall versichert?
Gegen Feuer und Diebstahl?
Haben Sie eine Lebensversicherung?
Oder eine Haftpflichtversicherung?
Kennen Sie unsere Versicherungsgesellschaft?
Wissen Sie von der Versicherungspflicht?
Haben Sie eine Versicherungskarte?
Wissen Sie von der Versicherungssteuer?
Kennen Sie unser Privat-Schutzprogramm?
Sind Sie unterversichert?
Oder etwa überversichert?
Kennen Sie Ihre Versicherungssumme?
Haben Sie ihre Wohnung abgesichert?
Gehen Sie immer auf Nummer sicher?
Sind Sie sich Ihrer Pflichten bewusst?
Kennen Sie eigentlich Ihre Ansprüche?
Waren Sie schon einmal in Haft?
Hat es dort vielleicht gebrannt?
Waren Sie dagegen versichert?
Sind Sie gerne in Gesellschaft?
Spielen Sie gerne Karten?
Bitten Sie manchmal um Verzeihung?
Können Sie auch auf etwas verzichten?
Was tun Sie gegen Ihre Verunsicherung?
Kennen Sie Kichererbsen?
Haben Sie schon mal welche gestohlen?

Kichern Sie oft?
Kichern Sie sicher?
Kennen Sie unsere Verkicherung?
Sind Sie sich über Ihre Kicherpflichten bewußt?
Hatten Sie schon mal einen Kicheranfall?
Kennen Sie schon unsere Zersicherung?
Oder wollen Sie unsere Zerkicherung kennenlernen?
Sind Sie zerkicherungsunsicher?
Was halten Sie vom Zerkicherungsverzicht?
Leben Sie eigentlich noch?
Oder sind Sie schon tot?"

Vom fehlgeleiteten Schützen

Ich bin im Schützenverein.
Mit voller Wucht.
Die Dum-Dum-Geschosse
Der amerikanischen Polizei –
So etwas bräuchte man auch bei uns.
Die räumen wenigstens auf.
Dort drüben.
Schließlich wird es Zeit,
Dass man etwas schärfer vorgeht,
Gegen die Chaoten in unserem Land.
Dieses Demonstrantenpack.
Wer weiß,
Was die sonst noch alles anstellen?
Man will sich ja nichts diktieren lassen.
Bin jetzt aus dem alten Schützenverein ausgetreten.
War alles viel zu lasch dort.
Lassen einen nur mit leichten Kalibern schießen.
Mit der neuen Magnum
Pellst Du dem Pappkameraden
Glatt die Birne weg.
Ich hab' das Ding immer bei mir.
Man kann ja nie wissen.
Hoffentlich kann ich es auch mal einsetzen.
Soll ja schließlich nicht umsonst sein.
Vor zwei Jahren war ich bei einem Fest.
Da gab es Zoff.
Ich hab gleich meinen Gaser ausgepackt.

Dem asozialen Typen
Voll ins Gesicht geballert.
War natürlich sofort lahmgelegt.
Völlig von der Rolle.
Aber mit 'ner scharfen Knarre
Wär's schon geiler gewesen.
Hat sich ja gleich wieder erholt, der Typ.
Jedenfalls hab' ich mein Teil
Jetzt immer dabei.
Für alle Fälle.
Oh Gott…

Der Streit

„Was ist eigentlich los mit Dir?"
„Gar nichts, warum?"

„Ich dachte bloß."
„Du verstehst mich ja doch nicht."

„Also, jetzt mach mal 'nen Punkt."
„Ist doch so."

„Hältst Du mich etwa für blöd?"
„Manchmal schon."

„Also, das ist doch wohl..."
„Du kannst mich mal."

„...Eine Unverschämtheit."
„Du spinnst doch."

„Ich warne Dich."
„Lass mich in Ruhe."

„Sei doch nicht so aggressiv."
„Ich bin nicht aggressiv."

„Nein, gar nicht."
„Also langsam gehst Du mir auf die Nerven."

„Du mir schon lange."
„Blöde Kuh."

„Wenn Du das noch einmal sagst, dann...“
„Was dann?“

„Du hörst mir gar nicht zu.“
„Schrei nicht so.“

„Ich schreie nicht.“
„Doch, Du schreist.“

„Sag mal, Dir geht's wohl nicht gut?“
„Frechheit.“

„Das musst grade Du sagen.“
„Du bist ungerecht.“

„Nein Du, weil...“
„Ich, ungerecht?“

„Lass mich doch mal ausreden.“
„Jetzt rede ich.“

„Wenn Du meinst.“
„Du bist wirklich unmöglich.“

„Selber.“
„Dumme Tussi!“

„Arschloch!“
„Ich liebe Dich.“

„Ich Dich auch.“

Die Reparatur

„Jetzt schauen wir uns das Ding mal an."

„Ich glaube, es liegt am Bolzen."

„Jedenfalls macht er wieder Papierstau."

„Ja, aber er zeigt nichts an."

„Normalerweise müsste er aber anzeigen."

„Mach doch mal Einzelblatteinzug."

„Wo ist jetzt der Bolzen?"

„Komisch, ich sehe ihn nicht."

„Jetzt ist er durchgelaufen."

„Sieh mal, der rote Pfeil."

„Wenn ich jetzt da drauf drücke?"

„Ja, genau da."

„Das ist komisch, der rote Pfeil."

„Jetzt ist er wieder weg."

„Mach nochmal."

„Es kann natürlich auch am Sensor liegen."

„Jetzt kommt die Störung."

„Ja, ich seh's genau."

„Ich geh mal aufs Serviceprogramm."

„Du meinst das mit dem Schalter?"

„Ja, genau das."

„Also, jetzt ist er wieder weg."

„Er läuft doch aber da durch, schau."

„Soll ich mal drücken?"

„Weiß nicht."

„Ist die Klappe eigentlich zu?"

„Das müssen wir doch hinkriegen."

„Ich glaube, es hängt mit dem Hebel zusammen."
„Ich wollt' aber mal nach der Klappe schauen."
„Hier ist sie."
„Das steht aber gar nicht in der Anzeige."
„Was?"
„Na das mit der Klappe."
„Moment mal."
„Jetzt kommt wieder der rote Pfeil."
„Und wenn man mal da draufdrückt?"
„Das darf er doch gar nicht."
„Drück doch mal da drauf."
„Er läuft wieder."
„Geschafft."

Studenten

„Hallo Klaus, wie läuft's denn so?"
„Ach, ganz geil eigentlich, und bei Dir?"

„Och ja, ich hab' jetzt 'nen HiWi-Job bei Armbrenner."
„Ja und, kommt's gut?"

„Och ja, ist ganz okay, der Typ."
„Ich dacht immer, das sei so'n Lahmarsch."

„Och ja, 'n bißchen schon."
„Ja und, was machst Du da?"

„Na ja, Klausuren korrigieren, und so 'n Kram."
„Wenn die Kohle wenigstens stimmt..."

„Na ja, geht so."
„Ich häng immer noch tierisch viel in der ‚Bib' rum."

„Kenn ich, mit so vielen Holzköpfen..."
„Sag mal, peilst Du eigentlich das ILIAS?"

„Ist doch easy, Mann."
„Ich check da nicht durch."

„Frag doch mal die Alte, die da am Tresen rumhängt."
„Meinst Du die rote Schreckschraube, oder was?"

„Ja, genau die."
„Werd' ich wohl mal machen."

„Übrigens, Gabi schreibt immer noch an ihrer ‚Diss' rum."
„Na ja, ist ja auch nicht grad die Hellste."

„Hab' sie neulich mal auf D5 getroffen."
„Ach, ich dachte immer, die sei auf S7."

„Ne, ne, auf D5."
„Richt' ihr doch mal Grüße aus."

„Mach ich. Hast Du sie eigentlich schon mal…?"
„Wär' fast mal was gegangen, bei der letzten AStA-Fete."

„Aber?"
„Na ja, die ist irgendwie so zickig…"

„Sind sie doch alle."
„Stimmt irgendwie schon."

„Was machst'n heut' Abend?"
„Ach, da ist so'n Info-Treff beim Kurden-Komitee."

„Bist ja immer noch engagiert."
„Na ja, 'n bisschen was muss ja gehen."

„Hast ja Recht, aber immer das Gelaber…"
„Du, das ist schon korrekt, was die da machen."

„Ja, aber schon ökomässig oder?"
„Wenigstens bewegt sich da was."

„Wenn Du meinst. Also, mach's mal gut, Alter."
„Mach's besser, Tschüss."

Liebesgedicht

Immer wenn Du kommst,
Freue ich mich.
In meinem Herzen
Geht die Sonne auf.
Es gibt so viel an Dir,
Was ich mag.
Besonders die Kleinigkeiten,
Die man erst wahrnimmt,
Wenn man sich genauer kennt.
Es ist schön,
Mit Dir in einem Boot zu sitzen,
Und den Fluss hinunterzutreiben.
Jedes Mal denke ich,
Ich würde etwas neues entdecken.
Deine Hände,
Die mich halten,
Ohne Schmuck,
Pur und schlank.
Deine Augen,
Wenn sie traurig sind,
Und nach Hilfe rufen,
Nach einem Blick von mir.
Und wenn Du
Sie niederschlägst,
Beim Erwidern
Meines Grußes.
Wenn Du

Das Weinglas hältst,
Und meinem Mineralwasser
Zuprostest.
Wenn Du
Kaffee machst,
Und den dampfenden Kessel
Vom Herd nimmst.
Ich weiß,
Dass Du Dich nie verbrennen wirst.
Wenn Du
Deine Kontaktlinsen suchst,
Und in den Spiegel blinzelst,
Als ob er Dich lieben würde,
Der Spiegel.

Werner

Werner
War ein Freund.
Einer von der Sorte,
Die es selten gibt.
Immer war er da,
Wenn man ihn brauchte.
Man konnte
Die berühmten Pferde
Mit ihm stehlen.
Er war stets
Für einen Spaß gut.
Er hatte
Ein herzliches Lachen,
Und man freute sich,
Wenn man ihm begegnete.

Werner
War kein Mann
Der großen Worte.
Er hatte es nicht nötig,
Zu prahlen.
Er war natürlich,
Und sagte direkt,
Was er dachte.

Er konnte es
Mit den Frauen,
War charmant
Und liebenswert.

Werner
Konnte eine ganze Gesellschaft
Unterhalten.
Er war ein begnadeter Pianist,
Konnte perfekt Ray Charles imitieren.
Er war nie langweilig
Oder bösartig.
Er litt
An einer schweren Krankheit,
Doch er verlor nie
Den Lebensmut.

Werner
Ist gestorben,
Ich trauere um ihn.

Dein Haar

Dein Haar
Duftet
Wie eine Rose,
Fein
Und zart.
Ich rieche daran,
Mische meinen Atem
Hinein,
In Dein Haar.
Die Schwäne
Ziehen ihre Kreise
Auf dem Wasser.
Dein Haar
Wird vom Wind bewegt.
Es ist
Golden,
Und glänzt
Wie die Sonne.
Dein Haar
Ist der Ort,
An den
Meine Hände flüchten.
Dort sind sie
Sicher
Und ohne Angst.
Ich mag es,
Wenn es naß ist,

Dein Haar.
Wenn es Dir
In die Stirn fällt,
Und Du
Es weg streifst,
Weg streichelst.
Du brauchst
Keine Krone
Auf Deinem Haupt.
Dein Haar
Hat alles,
Was eine Königin
Braucht.

Leidenschaft

Sie ist der Tag,
Der Dich erhellt,
Sie ist die Sonne,
Die Dir scheint,
Sie ist der Wind,
Der für Dich weht,
Sie ist die Frucht,
Die für Dich reift.

Sie ist das Glas,
Aus dem Du trinkst,
Sie ist der Wein,
Der Dich betäubt,
Sie ist die Decke,
Die dich wärmt,
Sie ist die Farbe
Auf Deinem Bild.

Sie ist die Musik,
Die Dich verzaubert,
Sie ist der Brunnen,
Aus dem Du schöpfst,
Sie ist das Salz
Auf Deinem Brot,
Sie ist die Luft,
Die Du zum Atmen brauchst.

Sie ist der Strom,
Der durch Dich fließt,
Sie ist die Spannung
In Deinem Herz,
Sie ist das Feuer,
Das in Dir brennt,
Sie ist das Leuchten
In Deinen Augen.

Sie ist das Sträuben
Deiner Haare,
Sie ist das Zittern
An Deinem Körper,
Sie ist der Schauer,
Der Dir über den Rücken läuft.

Ohne sie
Wärst Du arm,
Drum gib acht
Auf Deine Leidenschaft.

Die Zeit

Man muss heute
Mit der Zeit gehen,
Dabei haben die meisten Leute
Keine Zeit mehr.
Man leidet immer öfter
Unter Zeitmangel,
Ständig steht man
Unter Zeitdruck,
Und jeder ist froh,
Wenn er Zeit gespart hat.
Wir sind bemüht,
Keine Zeit zu vergeuden,
Und versuchen,
Die Zeit zu nutzen –.
Wir leben
In einem Zeitalter,
Und pflegen
Dessen Zeitgeist.
Unsere Arbeit
Ist zeitraubend,
Und geben uns
Gerne zeitlos.
In unserer Freizeit
Lesen wir Zeitschriften,
Die wir am Zeitungskiosk
Gekauft haben.
Im Radio

Hören wir die Zeitansage,
Und von Zeit zu Zeit
Sind wir etwas zeitkritisch.
Unsere Zeitgenossen
Machen Zeitgeschichte,
Weil sie die Zeichen der Zeit
Erkannt haben.
Im Grunde ist alles
Eine Frage der Zeit,
Zeitlebens.

Futur-Jazz

Swingende Kosmonauten
Liefern Jazz
Frei Haus,
Mit Klangkörpern
Aus Mondgestein,
Zu Klängen
Aus der Galaxis –
Bleiern und doch leicht.
Miles Jupiter
Spielt auf seiner
Urantrompete
Den Bebop
Der Milchstraße.
Charlie Mars
Improvisiert
Auf dem Titansaxophon.
Dizzy Merkur
Mit seinem Kobaltkornett,
Thelonius Saturn
Auf dem Röntgenpiano.
Die Harmonien
Ziehen ihre Kreise
Am Firmament.
Die Raumschiffe
Des Blues
Synkopieren am Horizont.
Der Ragtime

Des Universums
Flimmert
Aus dem New Orleans
Des Großen Wagens.
Die Polar-Big-Bands
Mit eisigen Sätzen
Von klirrender Kälte.
Die Unterwassergitarren
Des Django Nemo
Blubbern den Drive
Von ferner Atlantis.
Der Takt der Lichtjahre
Ist die neue Kraft
Zur Gestaltung der Gezeiten
Vom Beat der Planetoiden.

Idiosynkrasie

Coca-Cola,
Verdammt süß.
Sahnetorte,
Cremig und weich.
Alles braun,
Alles klebt.
Idiosynkrasie.
Pfefferschoten
Verdammt scharf.
Knoblauch,
Scharf und gesund.
Idiosynkrasie.
Coca-Cola,
Verdammt scharf.
Pfefferschoten,
Cremig und weich.
Sahne-Cola,
Cremig und braun.
Pfeffertorte,
Alles gesund.
Alles Knoblauch.
Idioschoten,
Weichklebend.
Verdammte Sahne,
Schärft und klebt.
Colakrasie,
Verschärft braun,

Verdammt gesund.
Colaschoten,
Braunsüß.
Idiolauch,
Idiosakra,
Idiokosakra,
Klebt und bräunt.
Macht cremig,
Und weich.
Idiolasynkolaugrasnet.

Vom Chef Werden

Er schläft mit seiner Frau
Und unterdrückt sie dabei.
Er ist rigoros.
Er will Chef werden.
„Hopp, hopp,
Beweg Dich ein bisschen,
Ich will Chef werden."
Er denkt:
Intellektuell ist sie mir überlegen,
Aber bumsen kann sie nicht.
Man muss eben brutal sein
Und gut bumsen können,
Wenn man Chef werden will.
Man kann sich alles leisten,
Wenn man Chef ist.
Man kann einen Maserati fahren
Und die tollsten Weiber aufreißen,
Wenn man Chef ist.
Teure Klamotten sind wichtig,
Für das Outfit
Eines Chefs.
Ein tolles Haus
Kann man haben,
Und was sonst noch so dazugehört,
Wenn man Chef ist.
Chefs haben alles,
Und nehmen keine Rücksicht.

Jedes Mittel ist denen recht,
Nur billig und effektiv
Muss es sein.
Drum sind sie Chefs geworden.
Steine muss man
Aus dem Weg räumen,
Nichts
Darf einen aufhalten.
Augen zu und durch.
Man will schließlich Chef werden.

Kleinigkeiten

Ein Nagel wird in die Wand geschlagen,
Er hält ein Bild –
Eine Kleinigkeit?
Ein Griff hält einen Koffer,
Und trägt seinen Inhalt –
Eine Kleinigkeit?
Ein Ventil wird geöffnet,
Und lässt die Luft aus dem Reifen –
Eine Kleinigkeit?
Ein Stein fällt ins Wasser,
Und zieht seine Kreise –
Eine Kleinigkeit?
Ein Schlüssel wird ins Schloss gesteckt,
Und öffnet ein Haus –
Eine Kleinigkeit?
Ein Streichholz wird angezündet,
Und verursacht ein Feuer –
Eine Kleinigkeit?
Man schluckt eine Pille,
Und ist betäubt –
Eine Kleinigkeit?
Ein Knopf wird gedrückt,
Und löst einen Krieg aus –
Eine Kleinigkeit?
Das Wort „ja" wird gesagt,
Und beschließt eine Ehe –
Eine Kleinigkeit?

Ein Kind wird geboren,
Und verändert das Leben anderer Menschen –
Eine Kleinigkeit?
Einer lächelt,
Und schenkt dem anderen Freude –
Eine Kleinigkeit?
Die Seite ist voll,
Und ein Gedicht zu Ende –
Eine Kleinigkeit!

Die verlorene Zeit

Die verlorene Zeit
Ist wie eine Flucht
Ohne Wiederkehr.
Die Erinnerung zerrinnt
In unseren Köpfen.
Sie verläuft sich
Im Labyrinth der Vergangenheit.

Die verlorene Zeit
Ist ein Handgemenge
Der entleerten Momente,
Bei dem es
Keinen Sieger gibt.

Die verlorene Zeit
Lässt die Widersacher
Des Vergessens
Auf der Strecke zurück.
Sie ist ein schwarzes Loch,
In das man hineingefallen ist.

Die verlorene Zeit
Steht auf keinem Papier.
Es gibt kein Zeugnis,
Sie ist nirgends registriert.

Die verlorene Zeit
Ist keine Geburt
Für das Morgen.
Sie ist unser größter Feind,
Die verlorene Zeit.

Versprichwort

Wer den Schaden hat, braucht für den Spott nicht zu sorgen.
Ach Spott, würdest du nur niemandem schaden.
Spottet nur – schadet nicht!
Spottet über mich, spottet über wen ihr wollt.
Nur tragt auch den Schaden.

Die Seele

Die Seele
Bewahrt ihre Einsamkeit,
Verschlossen der Welt.
Die Luft
Riecht nach Erinnerungen,
Die Seele
Atmet schwer.
Ein Blick aus dem Fenster
Verliert sich Im Schwelgen
Vergangener Träume.
Eine einsame Rose
Wird vom Wind gestreichelt.
Bald wird sie verblüht sein.
Wann verblüht die Seele?
Heute, morgen, übermorgen?
Nie?
Lebt sie nur
Eine Woche im Jahr?
Die Zeit ohne Seele
Ist hart,
Und voller verborgener Fallen.
Ist Beethovens Mondscheinsonate
Die Seele?
Oder lebt die Seele
Nur bei Mondschein?
Wo ist die Seele
Der schmächtigen, toten

Dichter?
Haben sie sie mitgenommen
In ihren Tod,
Oder zurückgelassen
In ihren Gedichten?
Seele der Rose,
Seele des Mondes,
Seele der Dichter,
Seele des Glücks.
Seele der Verneinung.

Der Pflasterstein

Er liegt in meiner Hand,
Der Pflasterstein.
Grau, schwer
Und kantig.
Ich stecke ihn in die Tasche,
Vielleicht brauche ich ihn noch.
Der Feind trägt grün.
Auch er ist bewaffnet.
Mit Schildern
Und Knüppeln.
Mir ist unheimlich,
Ich habe Angst.
Was passiert hier eigentlich?
Wer hat die Kontrolle?
Ein Auto brennt.
Auf der Straße
Herrscht ein Gewirr,
Alles rennt durcheinander.
Ich habe ihn immer noch in der Tasche,
Den Pflasterstein.
Soll ich ihn werfen,
In ein Schaufenster,
Oder auf ein Panzerfahrzeug?
Ich sehe verletzte Menschen,
Es fließt Blut.
Es ist wie im Krieg.
Die Masse schreit Parolen,

Die ich nicht verstehe.
Dazu mischt sich
Das Sirenengeheul.
Ich beginne zu flüchten,
Ohne zu wissen wohin und warum.
Hauptsache flüchten.
Das ist ja Wahnsinn.
Ich lege ihn wieder weg,
Den Pflasterstein.

Singt ein Lied

Singt ein Lied
Auf die Länder dieser Erde,
Mit all ihren Völkern
Und ihren Rassen.
Singt ein Lied
Auf die Sonne
Und den Mond
Und die Sterne.
Singt ein Lied
Auf den Himmel
Mit seinen Wolken,
Auf den Regen
Und den Schnee.
Singt ein Lied
Auf die Flüsse
Und Seen,
Auf Die Gebirge
Und auf die Wälder
Mit ihren Bäumen.
Singt ein Lied
Auf das Eis
An den Polen,
Auf die Vulkane
Mit ihrem Feuer,
Auf die Vielfalt der Pflanzen
Und die der Tiere.
Singt ein Lied

Auf den Wind
Und das Meer,
Auf den Tag
Und auf die Nacht.
Singt ein Lied
Auf das Heute
Und das Morgen,
Auf das Alles
Und das Nichts,
Singt ein Lied.

Freunde

Freunde sind Menschen
Meist nicht viel an der Zahl –
Die für Dich da sind,
Wenn Du sie brauchst.
Es sind Menschen,
Die Dir die Wahrheit sagen,
Auch wenn sie unangenehm ist.
Freunde halten zu Dir
Und muntern Dich auf.
Sie lachen mit Dir
Und hören Dir zu,
Wenn Du Kummer hast.
Freunde umarmen Dich,
Sie haben keine Angst
Vor Deiner Nähe.
Sie schmeicheln
Und heucheln Dir nicht.
Freunde rufen Dich an
Und schreiben Dir Briefe.
Sie wollen kein Geschäft
Mit Dir machen,
Und suchen nicht ihren Vorteil,
Sondern teilen mit dir.
Freunde schenken Dir Blumen
Und ihre Aufmerksamkeit.
Sie weinen um dich,
Und lassen sich gehen

In Deiner Gegenwart.
Freunde sprechen Dir Mut zu
Und kritisieren Dich.
Sie verletzen Dich nicht,
Und schonen Dich nur,
Wenn es nötig ist.
Freunde sind Dein Licht
In der Dunkelheit.
Sie besuchen Dich,
Wenn Du es nicht erwartest.
Sie erzählen von sich,
Und lassen Dich teilhaben,
An dem, was sie bewegt.
Man sollte ab und zu dran denken,
Wie einsam man wäre,
Ohne Freunde.

Die hohen Herren

Sie wohnen in teuren Villen
Mit einer Alarmanlage.
Sie fliegen zum Frühstück
An die Riviera,
Mit ihren Privatflugzeugen.
Sie verkehren auf Golfplätzen
Und in teuren Restaurants,
Die hohen Herren.
Sie fahren schwere Autos,
Der Sicherheit wegen,
Und engagieren Leibwächter
Aus demselben Grund,
Die hohen Herren.
Sie kennen einen nicht,
Wenn sie durch die Gänge gehen,
In ihrem Imperium,
Mit ihren Maßanzügen.
Sie sind gerne unter sich
Und treffen sich in Geheimzirkeln,
Die hohen Herren.
Ihre Frauen sind schön
Und gelangweilt,
Für ihre Kinder haben sie keine Zeit,
Aber sie brauchen sie
Fürs Renommee.
Die hohen Herren denken,
Sie könnten alles kaufen

Mit ihrem Geld,
Auch das Schweigen anderer Leute.
Die hohen Herren
Kümmern sich nicht
Um die kleinen Dinge.
Sie gehen über Leichen,
Wenn es sein muss.
Sie machen sich nicht die Hände schmutzig,
Sondern flüstern ihren Gehilfen
Den Auftrag ins Ohr.
Doch auch sie brauchen
Die selbe Luft zum Atmen
Wie wir auch,
Und machen jeden Morgen
Ihr Geschäft.
Sie sind gar nicht so groß,
Die hohen Herren.

Die Lichter der Stadt

Wenn es Abend wird
Beginnen sie zu leuchten,
Die Lichter der Stadt.
Die Menschen
Drängen aneinander vorbei
Und machen ihre letzten Einkäufe.
Die Gemüsehändler
Bauen ihre Stände ab,
Und die Vergnügungslokale
Öffnen ihre Türen.
Man hört
Die letzten Straßenmusikanten,
Bevor es dunkel wird,
Und die Kinder
Räumen die Straßen.
Zu Hause werden sie gereinigt
Vom Dreck des Tages.
Der Asphalt flimmert noch
Von der Resthitze des Tages,
Und der Himmel
Färbt sich
In ein dunkles Rot.
Die Bettler
Setzen ihre Hüte wieder auf,
Und zählen wie alle den Tagesumsatz.
Die Katzen
Beginnen mit ihrem Liebesspiel,

Und während die Familien
Beim Abendbrot sitzen,
Beginnt für die Einsamen
Die Stunde des Flanierens.
Man betrachtet
Die Auslagen der Geschäfte,
Und wird daran erinnert,
Was man sich alles nicht leisten kann.
Nach den Abendnachrichten
Werden hinter den Vorhängen
Die Wohnzimmertische
Mit Bier und Erdnüssen dekoriert.
Man bleibt unter sich,
Und macht sich einen schönen Abend.
Langsam erlöschen sie,
Bis der Morgen alle geschluckt hat,
Die Lichter der Stadt.

Der Spaziergang

Das Feld ist leer
Und abgeerntet.
Die Krähen
Picken die letzten Körner auf.
Vorige Woche
Hat es das erste mal geschneit.
Ich gehe meinen Gang.

Es ist kalt,
Doch Schal und Mütze
Geben mir warm.
Schritt für Schritt
Bewege ich mich fort.
Ich denke daran,
Dass ich noch Brot kaufen muss,
Und dass meine Mutter
Bald Geburtstag hat.
Ich gehe meinen Gang.

Die Bäume
Haben keine Blätter mehr.
Sie sind nackt,
Und genieren sich nicht.
Übermorgen wird die Miete fällig,
Ich gehe meinen Gang.

Dort drüben
Ist ein Café,
Doch ich habe keinen Durst.
Was mache ich nur,
Wenn mein Nachbar wieder schreit
Heut' Nacht?
Ein Mann,
Den ich nicht kenne,
Kommt mir entgegen
Und grüßt mich.
Ich freue mich darüber,
Und gehe meinen Gang,
Wie alles und jeder
Seinen Gang geht.

Am Fenster

Die Mittagsstille wird zerfetzt
Von Pistolenschüssen
Und Kindergeschrei.
Draußen auf der Wiese
Spielen sie Cowboy und Indianer.
Ein wildes Hin und Her
Beherrscht die Szenerie.
Dax, der Setter-Hund,
Ist mit von der Partie.
Zwei Elstern
Schwirren durch die Luft,
Und nehmen Platz
Auf der Dachrinne.
Blitzschnell
Drehen sie ihre Köpfe.
Eine Nachbarsfrau
Geht mit ihrem Einkaufskorb
Den Gehweg entlang.
Sie hinkt ein wenig,
Und sieht müde aus.
Die kleine Straße
Ist von Autos zugeparkt,
Gelegentlich werden sie von den Kindern
Als Versteck benutzt.
Der Himmel ist wolkenverhangen,
Nur vereinzelt scheint die Sonne durch.
Ein Mann im gegenüberliegenden Haus

Ruft den Setter zu sich herein.
Er mag es nicht,
Wenn auf seinen Hund geschossen wird.
Der Postbote kommt mit seinen Briefen –
Zu spät, wie es sonst nicht seine Art ist.
Ich blicke auf meine Uhr
Und stelle fest,
Dass der Tag für mich schon verloren ist.
Ich bleibe am Fenster stehen,
Und beschließe, keine Rücksicht
Auf die Zeit zu nehmen.
Die Erinnerung an meine Kindheit wird wach,
In der ich tausend Indianertode gestorben bin.
Tausendmal bin ich wieder aufgestanden,
Und jetzt fehlt mir die Kraft,
Auch nur die kleinste Verrichtung zu tätigen.
Nicht einmal Langeweile kommt in mir auf,
Es ist gar nichts, was da ist, nur der Blick aus dem Fenster.

Der Wahnsinn

Wenn er gekrochen kommt,
Aus den Tiefen Deines Gehirns,
Dann ist es wieder so weit,
Du wirst von ihm heimgesucht.
Er schleicht sich leise,
Ohne dass Du es merkst,
In Dein Bewusstsein,
Einer giftigen Schlange gleich,
Die Du nicht gehört hast,
Während sie auf Dich lauerte.
Er besetzt Deine Gedanken,
Du wirst besessen.
Er ist mächtig,
Und baut eine große Mauer
Um Dich herum.
Nichts dringt mehr durch,
Du verlierst den Kontakt
Zur Außenwelt.
Er verstopft Deine Poren,
Und Du beginnst,
Dich verfolgt zu fühlen.
Du versuchst zu fliehen,
Und bekommst Angst,
Ohne zu wissen, vor was.
Es ist wie ein Netz,
In dem Du Dich verfangen hast,
Und worin Du zappelst

Wie ein sterbender Fisch.
Alles wird düster und grau,
Es gibt keine Gegenwehr.
Die Normalität
Verliert ihre Bedeutung,
Und der Ekel
Steigt in Dir auf vor allem,
Was Du bisher geliebt hast.
Deine Sinne werden betäubt,
Und Deine Seele beginnt zu bluten.
Nimm Dich in acht
Vor dem Wahnsinn,
Sonst bist Du verloren.

Das Denken

Manchmal denke ich,
Dass es nicht so weiter gehen kann,
Mit dem Denken.
Ich denke dann
Über das Denken nach,
Und was es auf sich hat
Mit dem Denken.
Die Gedanken
Werden zu einem Denkgebilde,
Das sich abbildet,
Und wieder gedacht wird.
Hier wäre
Die Gedankenlosigkeit
Von Nutzen.
Wenn man das Denken
Einfach abstellen könnte.
Man müsste es
Wegdenken können,
Fortdenken,
Einfach zerdenken.
Doch dabei
Verdenkt man sich,
Es entsteht eine
Denkwiederholung.
Man wird von den eigenen Gedanken
Verhaftet,
Es gibt keinen

Denkausweg,
Keine Denkflucht.
Die Gedankentüren
Sind verschlossen,
Man findet keinen
Denkschlüssel.
Man versucht,
Nichts zu denken,
Um das Problem zu lösen.
Dabei denkt man
An das Nichts,
Ohne zu wissen,
Was es ist.
Zum Glück
Werden auch die Gedanken
Irgendwann müde,
Und man kann endlich schlafen,
Ohne dass man etwas denken muss.

Ordnung

Wenn alles in Ordnung ist,
Kann nichts mehr schief gehen.
Doch jede Ordnung muss funktionieren,
Bis ins Detail.
Sie muss geprüft sein,
Die Ordnung.
Von oben abgesegnet.
Dabei wird alles reduziert,
Auf die Ordnung,
Die allerbeste Ordnung.
Versagt die Ordnung,
Schafft man eine neue Ordnung,
Die Ordnung
Über die alte Ordnung bringt.
Ordnung ist alles.
Oder zumindest das halbe Leben.
Zur Überwachung der Ordnung gibt es ein
Ordnungsamt.
Dort ist es ordentlich,
Und die Mitarbeiter
Sind meist in Ordnung.
Sie tragen eine
Ordnungsgemäße Kleidung,
Und lieben ihre Ordnung.
Wenn alles zu spät ist,
Dann kommt die Ordnungspolizei.
Sie sorgt für Ordnung,

Indem sie eine Ordnungsstrafe verhängt,
Gegen die Ordnungswidrigkeit,
Ordnungshalber natürlich.
Es gibt schließlich Ordnungsprinzipien.
Wo kämen wir hin,
Wenn die Ordnung
Nicht eingehalten würde.

Fehlschlag

Fliegenklatsche auf dem Tisch
Wartet stumm und lang,
Bis die Fliege kommt mit Zisch,
Gar nicht Angst und bang.

Das Werkzeug tut sich leis' erheben,
Das Tier, das denkt, es ist was faul –
Der Schlag geht diesmal noch daneben,
Und trifft statt Fliege nur den Paul.

Traum-Zirkus

Weißer Clown
Auf Schimmelpferd –
Spaß im Galopp.

Schwertschlucker
Auf dem Hochseil –
Brennendes Trapez.

Pudel turnen
Auf Elefanten –
Graues Gebell.

Tauben turteln
Um Tiger –
Friede zeigt Pranke.

Messerwerfer
Tanzen mit Schimpansen –
Dolchpirouette.

Der Direktor
Jongliert mit dem Mikrofon,
Das Orchester
Wird von Hochseilartisten dressiert.
Löwengedonner
Hallt durch die Reifen,

Die Kanone
Schmilzt im Sand,
Kinder weinen Konfetti –
Das Publikum
Ist desillusioniert.
Es war nur ein Traum.

Mausetot

Ein Elefant, ein Elefant,
Der tritt mit seinem Fuß galant
Auf eine kleine, weiße Maus –
Die Arme findet so ihr Aus.

Profit

Wir haben den Gewinn maximiert,
Den Vertrieb optimiert,
Alles läuft bestens.
Unsere Nutzungsrentabilität wurde gesteigert,
Die Produktion läuft auf Hochtouren,
Wir haben die Schulden gesenkt,
Ebenso die Verbindlichkeiten,
Unsere Finanzpolitik ist solide,
Alles läuft zur vollsten Zufriedenheit.
Unsere Rendite läuft rentabel,
Der Vertrieb gewinnt an Nutzen,
Der Nutzen verteilt die Gewinne,
Der Gewinn nutzt der Rentabilität,
Alles gewinnt.
Die Dividende profitiert von der Maximierung,
Die Maximierung produziert Gewinn,
Der Gewinn lohnt die Rendite,
Alles optimiert.
Unsere Verbindlichkeiten sind solide,
Die Solidität maximiert die Schulden,
Die Schulden produzieren Hochtouren,
Die Hochtour knebelt die Politik,
Die Politik verteilt den Gewinn,
Alles optimal rentabel.
Die Rente vernutzt den Trieb,
Der Trieb lohnt durch den Gewinn,
Der Gewinn produziert Schulden,

Die Schulden touren im Maximum,
Das Maximum reduziert das Minimum,
Alles nutzt der Politik.
Die Politik produziert Politik,
Die Produktion politisiert maximal,
Die Maximilität minimiert das Optimum,
Das Optimum lohnt deduktiv,
Reduktion optimiert Rentabilität,
Alles lohnt sich,
Wir lohnen uns,
Geld stinkt.

Zorn

Überall auf der Welt
Herrscht Krieg.
Die Völker und Rassen
Bekämpfen sich –
Es macht mich zornig.

Millionen sterben
An Hunger,
Und wir schauen zu –
Es macht mich zornig.

Intoleranz
Macht sich breit,
Man misstraut sich,
Und ist voller Neid
Auf den Anderen –
Es macht mich zornig.

Kinder
Werden misshandelt,
Ebenso Tiere,
Man richtet
Die Umwelt zugrunde –
Es macht mich zornig.

Die Politiker
Beschimpfen sich,
Anstatt zu handeln,
Sie stopfen sich
Auf Banketts
Die Bäuche voll,
Werden fetter und fetter –
Es macht mich zornig.

Ich beginne mich aufzuregen
Über all das,
Und werde zornig
Über meinen Zorn.

Schuhe

Sein ganzes Leben
Tritt man auf ihm
Und in ihm.
Geduldig
Erträgt er die Last,
Unter der manch anderer
Lauthals protestieren würde.
Er begleitet uns
Schritt für Schritt,
Schützt unsere Füße,
Rundherum.
Man strapaziert ihn so lange,
Bis er ein Loch davonträgt.
Dennoch schluckt er
Stillschweigend
Kilometer für Kilometer
Unseren Gang.
Die Absätze laufen sich ab,
Man bringt ihn zum
Schuhdoktor,
Und von neuem
Tut er seinen Dienst.
Der Lederne
Fühlt sich etwas besser,
Als der aus Gummi,
Und läßt stolz
Sein Klacken hören,

Auf dem Asphalt.
Manche treiben einen Kult um ihn,
Andere sehen nur das Werkzeug
Für die eigene Bequemlichkeit.
Jedenfalls sähen unsere Füße
Ganz schön schwarz,
Ohne unsere Schuhe.

Abraham

Abraham und sein Schoß.
Die Geborgenheit. Die Sicherheit.
Für die Kinder.
Für die Kinder Abrahams.

Es ist Nacht

Es ist Nacht,
Und ich gehe durch die Straßen.
Ich suche nach etwas,
Das wie Tag wirkt,
Denn ich ertrage die Dunkelheit nicht.
Zum Schlafen ist es zu früh.
Ich enthülle die dunklen Gebäude
Mit meinen Augen,
Mache sie für mich
Nackt und hell.
Schweiß tritt aus meinen Poren,
Obwohl es kühl ist.
In der Luft
Steht ein Gestank
Von fernen Fabriken,
Und das Gebell einsamer Hunde
Zerreißt die nächtliche Stille.
Ich kann nirgends mehr einkehren,
Die Lokale sind alle geschlossen.
Vereinzelt sehe ich
Erhellte Fenster,
Niemand weiß,
Was hinter den Vorhängen geschieht.
Ich habe Durst
Und gehe nach Hause,
Trinke ein Glas Wasser,
Und versuche zu schlafen.

Draußen wird es hell,
Langsam dämmere ich dahin,
Wieder naht
Ein verlorener Tag.

Das Lustversäumnis

Hab' ich doch...
Bin ich doch schon...
Kann schon was...
Träum' davon...
Wollt', ich wär'...
Vielleicht auch nicht...

Die Schublade

Monate, wenn nicht Jahre,
Habe ich sie nicht mehr geöffnet,
Die Schublade.
Ein Sammelsurium von
Logos und Fetischen
Springt mir entgegen:
Eine Halbvolle Schachtel
Mit Pfefferminzbonbons,
Ein völlig poröser
Radiergummi,
Eine alte Batterie,
Zwei rostige Reißnägel,
Ein Stück Lederband,
Ein alter Pinsel,
Ein kleines Taschenmesser,
Eine leere Dose Lippenbalsam,
Ein Handspiegel,
Eine Fläschchen Melissenöl,
Ein ausgetrockneter Filzschreiber,
Ein Haargummi.
All diese Gegenstände
Sind so unnütz,
Und doch hängt man daran.
Man kann sie doch nicht
Einfach wegschmeißen.
Ich schließe die Schublade wieder,
Und freue mich schon auf das nächste Mal,

Wenn ich sie wieder aufmache.
Zuvor lege ich noch eine kleine Gummi-Mickymaus
hinein.

Im Mond

Im Mond da war kein Mann zu sehen,
Statt dessen hatte eine Wehen.
Es schien, als ob ein Kind geboren,
Dabei war'n nur die Segelohren,
Das einzige was schon sehr früh,
Dem Polizisten machte Müh'.
Drum seid vor Seglern auf der Hut,
Vielleicht ein Grüner lauern tut.
Und die Moral von der Geschicht,
Genau, die weiß ich jetzt noch nicht.
Doch ob moralisch oder nicht,
Morales spant so grün bei Licht.
Gute Nacht. Oder so.

Du

Du denkst,
Den Spiegel getäuscht zu haben,
Mit Deinem Blindenstock
Der Eitelkeit.
Ja, Dein Gesicht ist schön,
Und Du bist intelligent.
Ja, ich habe ein neues Auto,
Und es fährt gut.
Ich weiß nicht,
Wofür Du Dich sonst noch interessierst.
Du sprichst von bestandenen Prüfungen,
Und merkst nicht,
Daß ich zerbrochen bin.
Dein Traum ist es,
Eine Philosophin zu sein;
Dabei setzt Du Freundschaften aufs Spiel,
Mit Deinen unverschämten Äußerungen.
Deine Arroganz
Ist beispiellos,
Doch auch über sie setzt Du Dich hinweg.
Dein falscher Stolz kränkt mich,
Und ich denke an frühere Träume,
In denen Du die Hauptdarstellerin warst.
Immer nur Du, Du, Du.

Erinnerung

In meinem Kopf
Spüre ich den Abszeß
Der Erinnerung.
Das Gehirn
Ist voller Narben
Enttäuschter Liebe.
Tausend Tränen
Flossen dahin,
Für Dich.
Wenn Du
In meine Träume kriechst,
In den zerflossenen Tagschaum,
Und ich schweißgebadet erwache,
Dann weiß ich wieder,
Wie bitter sie sein kann,
Die Erinnerung.
Sie gräbt sich in alles,
Und zerfließt im Nichts.

Fugen

Ich höre Bachs Fugen,
Füge mich in ihren Klang,
Und denke,
Dass es schön ist,
Dass einem Fugen
Zur Verfügung stehen.
Die Wiederholung ist etwas Angenehmes,
Sie fügt sich Ton für Ton
In meine Ohren,
Die Mehrstimmigkeit
Fügt sich in sich hinein,
Und ich fühle Ruhe dabei.
Meine Ohren werden fügsam,
Mein Geist fugt mit meiner Seele,
Die Lust wird zur Fugenlust.
Keine Spur von Fugenlast,
Es entsteht keine Missfügung.
Ich will fugant werden,
Will Fugist sein,
Will mein Bewusstsein fugerieren.
Irgendwann
Werden wir alle gefügt,
Mit Fug und Recht.

Die alte Frau

Sie sitzt
Auf der Bank am Meer.
Die Hände gefaltet –
Man kann nie wissen.
Ihr Blick
Sucht die Unendlichkeit des Horizonts.
Die denkt an ihren Mann,
Und an die Jugend,
Als alles noch spannend und frisch war.
Wohin fährt das Boot auf dem Wasser?
Die Angst vor den hohen Wellen des Alters
Kommt in ihr auf.
Doch das Kreuz um den Hals beruhigt.
Es hat schon vielen geholfen.
Sie denkt an Krankheiten,
Die sie schon erlitten hat.
Ihre Haut hat die Schönheit
Einer welken Blume.
Sie liebt das Verbrechen.
Die Krimis,
Die sie schon gelesen hat,
Gehen in die Hunderte –
Für jeden ein Lebensjahr,
Das wäre schön.

Vom Schreiben

Die Gedanken müssen raus,
An die frische Luft
Des weißen Papiers.
Jeden Tag eine Seite
Oder mehr,
So entsteht
Des Dichters Hofgang.
Täglich geht man
Im schreibenden Kreis umher.
Man betreibt Schreibsport –
Semantischen Kopfstand,
Syntaktische Liegestützen.
Hochleistungsschreiberei.
Worte und Sätze
Nötigen einen dazu,
Geschrieben zu werden,
Es gibt kein Ausweichen.
Man erhellt dunkle Zeiten
Durch Schreiben,
Man schreibt sich
Den Frust von der Seele,
Die Wut aus dem Bauch.
Doch immer wieder fragt man sich,
Warum man überhaupt schreibt,
Es verändert sich nichts dabei,
Man isoliert sich höchstens.
So entstehen Gedichte

Und Geschichten,
Sie müssen entstehen,
Ohne dass man sich dagegen wehren kann.

Dein Fuß

Dein Fuß
Ist krumm und schräg.
Die Zehen
Sind zu lang,
Die Nägel verhornt.
Der Knöchel
Sitzt zu hoch,
Die Ferse
Steht über.
Er ist platt,
Und dennoch
Liebe ich ihn,
Deinen Fuß.

Im Café

Ich sitze im Café
Und trinke meine Schokolade.

Ich lasse die Sahne
In meinem Mund zergehen.
Die Bedienung
Wippt mit ihren Brüsten,
Ein Gast am Tresen
Ist entzückt davon.
Neben mir liest
Ein älterer Herr
Die Zeitung,
Oder schaut er nur
Die Bilder an.
Er kaut auf seinem Sandwich,
Ich trinke meine Schokolade.

Aus den Lautsprechern
Tönt dezente Jazzmusik,
Das Licht im Raum
Ist herunter gedimmt.
Zwei Mädchen erzählen sich
Von ihren neuesten Flirts,
Ich trinke meine Schokolade.

Ein wenig Unterhaltung
Wäre nicht schlecht,
Aber ich bin nicht in der Stimmung,
Jemanden anzusprechen.
Ein Hund geht bettelnd durch den Raum,
In der Ecke flirtet jemand
Mit dem Spielautomaten.
So träumt jeder von der goldenen Serie,
Und ich trinke dabei meine Schokolade.

Auto-Ich

Das Ich
Steht im Halteverbot.
Es kommt wieder die Zeit
Der depressiven Strafmandate.
Man hat Warnungen
In den Wind geschlagen,
War nicht bei der letzten Seeleninspektion,
Weil man glaubte,
Es besser zu wissen.
Nun wächst die Furcht
Vor dem psychiatrischen Abschleppdienst.
Muss man wieder in die Klinik,
Um seine psychotische Parkgebühr zu bezahlen?
Der Gemütsreifen
Lässt ständig Luft.
Erst vor kurzem
Kam es zu einer mittelschweren Traumkarambolage –
Wieder eine Beule am Ich-Auto.
Doch seelische Fahrfehler
Sind menschlich.

Vergänglichkeit

Es hat zwölf geschlagen,
Auf der Niemalsuhr.
Die Tage vergehen
Wie der Nagellack
Auf Deinen Fingern.
Hand in Hand
Mit dem Vergessen
Streife ich
Durch das Fotoalbum.
Gefrorene Erinnerungen
Tauen auf
Beim Anblick der Reliquien
Vergangener Tage.
Gestern ist heute,
Und heute ist morgen.
Ich verlasse mich darauf.

Frist

Zwei Freunde sitzen im Café.
Sie ziehen ihr Tagesresümee.
Die Studienzeiten sind vorbei.
Anfangs ist man noch arbeitsscheu.
Um sie herum die künftigen Kollegen.
Bis auf ein paar Nimmerleinshaudegen.
Es ist Abend, man bleibt anonym.
Gibt sich noch etwas ungestüm.
Doch trinkt schon gelassen das zweite Bier.
Und schwärmt viel zu früh schon von früher.
Die Mädchen werden inzwischen zu Fraun.
Sind nicht mehr ungeniert anzuschaun.
Vielleicht käme es dann und wann.
Noch einmal auf die Versuchung drauf an.
Doch unsere Freunde gehn jetzt nach Haus.
Denn morgen müssen sie wieder früh raus.
Im Grunde genommen ist alles normal.
Für sie war das Leben noch nie eine Qual.
Wie es manch anderen manchmal ist.
Bis eben die Frist verstrichen ist.

Novembermonat

Novembermonat.
Traurigkeit.
Die Felder tragen den Nebelschleier.
Schneetränen lösen den Regen ab.
Novembermonat.
Graue Eminenzen kreuzen die Straßen.
Die Eulen verstecken sich.
Novembermonat.
Winter steht Schlange.
Die Teestuben füllen sich.
Novembermonat.
Die Sonne wirft eine rotviolette Glut an den Himmel.
Der Sommer ist erfroren.
Man flüchtet in Häuser.
Novembermonat.

Die zynische Mutter

Schlaf, Kindlein, schlaf.
Dein Vater ist ein Schaf.
Sein Chef, der ist der Schäferhund.
An Leib und Seele kerngesund.
Schlaf, Kindlein schlaf.

Träum, Kindlein, träum.
Im Wald, da stehn die Bäum.
Ein jeder ganz für sich allein.
Drum können sie zusammen sein.
Träum, Kindlein, träum.

Spiel, Kindlein, spiel.
Du weißt noch nicht sehr viel.
Am besten ist's, das bleibt auch so.
Sonst wirst du nie des Lebens froh.
Spiel, Kindlein, spiel.

Ja, Kindlein, ja.
Die Mami, die ist da.
Und wenn sie keine Lust mehr hat,
Dann schiebt sie dich zur Oma ab.
Ja, Kindlein, ja.

Schlaf, Kindlein, schlaf.
Auch du wirst mal ein Schaf.
Und hast mal einen Schäferhund,
Der stößt sich dann an dir gesund.
Schlaf, Kindlein, schlaf.

Taubenpost

Ein Pferd, das stand in seinem Stall,
Da kam von oben Knall auf Fall
Ein riesengroßer Taubenschiss –
Das Pferd war stinkig, ganz gewiss.

Schönheit, Du

Schönheit, junge Schönheit, Du.
Sitzt auf dem Stuhl, als wär's ein Ross.
Schönheit, junge Schönheit, Du.
Bist eine Pflanze. Vielleicht eine Orchidee.
Du hast die Unschuld in Deinen Augen.
Schönheit, junge Schönheit, Du.
Was geht Dir durch den Kopf,
wenn Du so schweigsam bist?
Schönheit, junge Schönheit, Du.
Alle starren Dich an. Und Du lächelst nur.
Du fängst sie mit Deinem Lächeln.
Schönheit, junge Schönheit, Du.
Es ist wie ein Sog, in dem sie ertrinken.
Doch Du hörst die Hilfeschreie nicht.
Schönheit, junge Schönheit, Du.
Dein Haar ist die Sonne, die Deine Freier blendet.
Du gehst mit gesenktem Haupt und wirfst es nach oben
　　　zum Augenstich.
Schönheit, junge Schönheit, Du.

Rosemarie

Sie war schon über siebzig.
Am Ende war sie schwer krank.
Sie war meine Lehrerin.
Rosemarie war streng.
Eine Preußin vom alten Schlag.
Wie oft mußte ich in der Ecke stehen.
Wie oft hat sie mir die Leviten gelesen.
Doch sie hat auch gelobt.
Wie stolz hat sie mich manchmal gemacht.
Und was habe ich nicht alles gelernt von ihr.
Sie liebte ihre Kinder.
Ich habe sie geliebt.
Noch Jahre später habe ich sie besucht.
Sie ist gestorben letztes Jahr.
Auf Wiedersehen, Rosemarie.

Reich-Ranicki-Marsch

Ja der Mann, ja der Mann, ja der Thomas Mann,
Ja der Mann, ja der Mann, ja der Thomas Mann,
Ja der Thomas Mann, ja der Thomas Mann,
Ja der Thomas Mann Mann Mann.

Die heutigen Autoren können gar nichts mehr,
Die heutigen Autoren, also bitte sehr,
Die heutigen Autoren schreiben nur noch Schrott,
Ich, Marcel, bin der Kritikgott.

Wenn ich das lese, wird mir schlecht,
Herr Karasek, ich hab doch Recht,
Man kann doch so etwas nicht schreiben,
Die Kirche muss im Buchdorf bleiben.

Frau Löffler, na, was sagen sie?
Ich kriegte noch die Buchphobie,
Wenn ich all den gedruckten Mist
Von vorn bis hinten lesen müsst.

Der Anfang dieses Werks ist dumm,
Den Mittelteil – nehmt's mir nicht krumm –
Hab' ich dann einfach weggelassen,
Zum Schluss, ich konnte es nicht fassen,

Was diese Flasche hat geschrieben,
Ich sag nur üben, üben, üben.
Für die hohe Kunst der Schrift
Ist dieser Autor pures Gift.

Das nächste Werk ist noch viel mieser,
Ein Schwachsinnsliterat wie dieser,
Sollt', statt die Feder zu benutzen,
Viel besser Nachbars Auto putzen.

Und dann den letzten noch, am Rande,
Was der geschrieben ist 'ne Schande,
Das ist doch wirklich kein Roman,
Ich hab es satt, es kotzt mich an.

Der Thomas Mann war ein Genie,
Der Junge da, der lernt es nie,
Im Grunde hasse ich das Lesen,
Das wär's für heute dann gewesen.

Ja der Mann, ja der Mann, ja der Thomas Mann,
Ja der Mann, ja der Mann, ja der Thomas Mann,
Ja der Thomas Mann, ja der Thomas Mann,
Ja der Thomas Mann Mann Mann.

Sangesfrust

Am Brunnen vor dem Tore,
Da stand mein Liebchen hold –
Der Wolf kam mir zuvore,
Gab Liebchen all sein Gold.

Ich rannte schnell zum Brunnen,
Doch Liebchen war schon fort –
Ich hätt' ein Lied gesungen,
Genau an diesem Ort.

Doch wie so oft im Leben,
Kam ich zu spät, zu spät –
So geht es einem eben,
Wenn man gern singen tät.

Lauf ein Stück

Lauf ein Stück.
Umwenden.
Lauf ein Stück.
Gehe niemandes Weg.
Gehe niemandes Gang.
Lauf ein Stück.
Schließe die Augen.
Verschließe die Ohren.
Lauf ein Stück.
Ohne jede Unterhaltung.
Mach Platz allen, die dir entgegenkommen.
Lauf ein Stück.
Mach viele kleine Stücke daraus.
Mach die Augen wieder auf.
Höre wieder.
Lauf ein Stück.

Weg zum See

Der Weg zum See.
Immer daran denken, an den Weg zum See.
Finden, was zu finden ist.
Auf dem Weg zum See. Wassers Tiefe erkennen.
Auf dem Seeweg.
Respekt haben vor dem Weg zum See.

Sonnenklar

Der Wogen Rausch bricht sich im Licht,
Der Wogen Rausch, ich seh ihn nicht,
Der Wogen Rausch ist nah, ganz nah,
Der Wogen Rausch sagt manchmal ja.

Des Rausches Wogen brechen ein,
Des Rausches Wogen Stein auf Stein,
Des Rausches Wogen sonderbar,
Des Rausches Wogen sternenklar.

Kurzsonate

In der Dichter Wandelhallen.
Sollen Töne Euch erschallen.
Töne, die das Wort beleben.
Töne die man weitergeben.
Kann und soll an all die Andern.
Töne, die durch Welten wandern.

Für Erich

Erich in Frieden.
Erich im Frieden.
Erich, zwei Kästner Bier.
Erich, die gönne ich mir.
Erich, hab Dich nicht so.
Erich, ich weiß schon wo.
Erich, das kommt davon.
Erich, die Sauerei in Deinem Zimmer.
Erich, die stört mich jetzt nimmer.
Erich, mach's gut.

Besuch bei Ludwig

Steh' am Tor und drück den Knopf,
Sehe Euren Lockenschopf.
Nur ganz kurz, versteht sich, klar,
So halt, wie's schon immer war.
Geh' zurück in meine Kammer,
Hör' Pianos Katzenjammer,
Hoch und runter die Oktaven,
Bin schon wieder eingeschlafen.
Wälz' im Bette mich umher,
Des Tages Licht drückt wieder schwer
Auf mein dichterisch' Gemüt,
Muß warten, bis der Frühling blüht.
Leise kann ich ihn erahnen,
Sonne schlägt sich erste Bahnen,
Zeit der Reife wird noch kommen,
Hab' dann Euren Berg erklommen.
Und wenn auch nur zum ersten Grat,
Ein jeder Akt was für sich hat.

No. 32

Sturm der Rosen.

Blatt für Blatt.

Dornen. Zähne.

Schreiblos. Verpausen.

Direktheit geben. Ohne Pässe reisen.

In Länder des Fluches.

Dort, wo die Last am geringsten ist.

Grenzenlosigkeit spüren.

Kling. Klang. Klingklang.

Glut sähen.

Auf große Winde warten.

Der Virtuosität anheimfallen.

Bolon.

Kontrastprogramm. Fehlersuche.

Balando. Gugelmando. Non esse.

Ex, großer Meister. Pathologisieren.

Ferne. Nähe. Drei Strich Süd.

Die Stäbe zerbiegen. Den Panther loslassen.

Lola. Sie gefallen mir so.

Lippenmerkantil.

Bludestilbald. Kolandrion. Maldente.

Schulden

Mein lieber Alabaster,
Ich wart noch auf den Zaster,
Den ich dir einst geliehen hab,
Zum Kaufe deiner schwarzen Kapp.

Es sind zwar sieben Euro nur,
Doch macht das eine ganze Fuhr
Mit 'm Bus von hier nach Timbuktu,
Also zahl du sturer Esel du.

Wer war's?

„Hört sich gut an, könnte Ringelnatz sein."
„Nein, ist es nicht."

„Dann tippe ich auf Jandl."
„Nein, ist es auch nicht."

„Oder vielleicht doch Brecht?"
„Ganz falsch."

„Dann kann es eigentlich nur noch Fried sein..."
„Total daneben."

„Jetzt bliebe noch Rilke oder Morgenstern?"
„Absoluter Fehlgriff."

„Ich geb's auf, von wem ist es denn nun?"
„Na von mir, hätteste nicht gedacht was?"

Johannes Fröhlich, geboren am 13.10.1963 in Singen am Hohentwiel, studierte nach dem Abitur einige Semester Jura in Augsburg und Berlin, lebte in München, bevor er sich am Bodensee niederließ.

Er arbeitete als Krankenpfleger, Erzieher, Rechtsberater und Pressesprecher, seit Mitte der 1990er Jahre Tätigkeit als Lektor, freier Kulturjournalist und Gerichtsreporter sowie als Zeitungsredakteur. Zuletzt arbeitete er als Theaterautor und Produzent von Musiktheatern über die *Beatles*, die *Doors* und *Elvis Presley*.

Der Autor lebt und arbeitet in Konstanz.